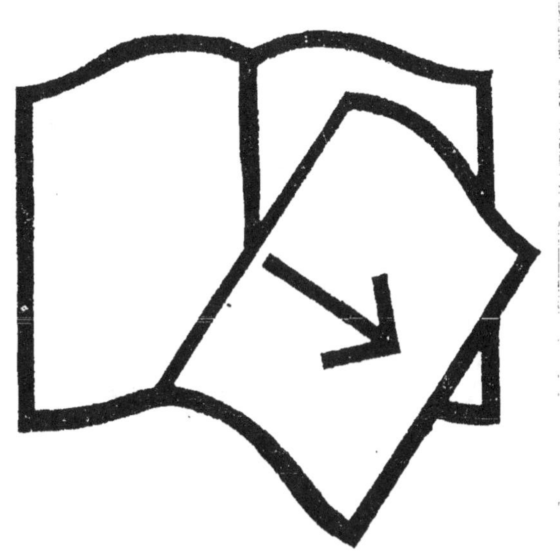

Couverture inférieure manquante

Original en couleur

NF Z 43-120-8

RÉFORMES

ET

PROJETS JUDICIAIRES

1875 - 1876

Extrait de la *Revue critique de législation et de jurisprudence*
15 mars 1877

PARIS

A. COTILLON ET Cⁱᵉ, LIBRAIRES DU CONSEIL D'ÉTAT

24, RUE SOUFFLOT, 24

—

1877

RÉFORMES

ET

PROJETS JUDICIAIRES

1875-1876

PARIS. — IMPRIMERIE ARNOUS DE RIVIÈRE, RUE RACINE, 26.

RÉFORMES

ET

PROJETS JUDICIAIRES

1875 - 1876

Extrait de la *Revue critique de législation et de jurisprudence*
15 mars 1877

PARIS

A. COTILLON ET Cⁱ, LIBRAIRES DU CONSEIL D'ÉTAT

24, RUE SOUFFLOT, 24

1877

DIVISION.

***

RÉFORMES

ET

PROJETS JUDICIAIRES

1875-1876

Notre organisation judiciaire, prise dans son ensemble, a traversé et surmonté, depuis sa création, la plus rude épreuve que puisse rencontrer une institution. Discutée et menacée à chaque changement de régime, elle a vu, pendant trois quarts de siècle, les révolutions renverser et rétablir. tour à tour, la plupart des appuis et des instruments de la puissance publique. Seule, elle a échappé aux bouleversements ; elle est demeurée debout, quand la terre tremblait autour d'elle.

Après avoir subi impunément tant d'attaques, la magistrature s'est faite à la pensée qu'elle était invulnérable ; à force d'avoir entendu parler du danger, elle n'y croit plus et court risque de se laisser aller à une trompeuse sécurité. L'indifférence et l'engourdissement seraient aussi funestes que les craintes exagérées. Il faut envisager d'un regard calme la situation présente, se défaire de toute illusion, se livrer à une sorte d'examen de conscience, sans se dissimuler les faiblesses et en cherchant sincèrement le remède.

Le moment est opportun. Depuis quelque temps, il a été fait une tentative pour améliorer le recrutement de la magistrature et accroître ainsi la considération dont elle jouit. Sous l'impulsion de M. Dufaure, une réforme s'est accomplie sans bruit. Elle mérite qu'on s'y arrête, car elle touche aux éléments essentiels et à la nature même de la vie judiciaire.

I

Mode
de recrutement
de la
magistrature.

Dans quels éléments doit-on puiser le personnel des magistrats ? C'est là un grave problème qui a été résolu différemment à toutes les époques et dans tous les pays.

Sous
l'ancien régime.

Si les Parlements, malgré le vice originel de la vente des charges et de leur transmission héréditaire, ont possédé de grands magistrats, ils le doivent assurément à la double vertu de l'esprit de corps et de l'esprit de famille. C'est de là que sont sortis les Molé, les Séguier, les Talon. Après avoir rappelé de tels noms, ne poussons pas trop loin notre curiosité et notre enquête, ne cherchons pas à tirer des récits contemporains ce que valaient au-dessous d'eux la plupart de leurs collègues ; contentons-nous de nous incliner devant les mémoires illustres qui seules ont traversé le temps et qui de loin, grâce au mirage du passé, deviennent le type auquel l'imagination se plaît à rattacher toute une série de figures.

Depuis
la Révolution.

La Révolution a fait table rase de ce système et, comme en toutes choses, elle est passée d'un bond aux extrêmes en instituant l'élection. Plus tard, quand les Cours et les tribunaux ont été établis et que le principe de la nomination par le pouvoir fut consacré, le gouvernement n'eut pas de peine à trouver des juges parmi les jurisconsultes et les légistes formés dans les Parlements et les bailliages.

Efforts
pour faire renaître
l'hérédité
des charges.

Dans le sein de ces juridictions, appliquant les nouvelles lois avec le souvenir persistant des anciens usages, l'esprit de corps ne tarda pas à renaître ; pensant tenir la place de l'ancienne aristocratie parlementaire, les nouveaux magistrats cherchèrent à assurer à leurs fils la transmission de leurs fonctions. Assurément il n'est pas de plus noble sentiment chez le père de famille, et rien à notre gré n'honore plus un nom que de voir pendant plusieurs générations ceux qui le portent cultiver les mêmes sciences, se consacrer aux mêmes travaux et poursuivre le même but. Mais l'hérédité des fonctions a pour condition l'hérédité de l'intelligence. Là où manque la capacité, la transmission est une véritable atteinte à l'ordre public, une pure faveur dont souffrent les intérêts de l'État. Que de fois le ministre accepte-t-il une démission conditionnelle qui lui permet de satisfaire quelques impatiences ! Il importe peu que le magistrat âgé soit une des lumières de sa compagnie, que le jeune aspirant dont une retraite prématurée ouvre la carrière soit un sujet médiocre. Le même jour, à l'heure où un digne conseiller quitte la Cour, le premier degré est franchi par un jeune homme qui n'a d'autre titre que son nom.

— Vous ne tenez pour rien la tradition, me dira-t-on. — Tout au contraire, nous l'estimons très-haut, pourvu que le jeune magistrat qui en est le dépositaire y joigne une valeur personnelle. Autrement, c'est une vaine parure qui, loin de se développer avec l'âge, cessera bientôt de recouvrir le vide de l'esprit et laissera à nu, en tombant, la misère de l'intelligence. Certes, nul ne peut nier que la dignité extérieure et le respect de soi-même ne soient une part de la vie judiciaire ; l'erreur est de substituer ces qualités à toutes les autres et d'oublier qu'elles ne tiennent pas lieu des études solides et des facultés de travail qui font seules le magistrat capable et laborieux.

C'est à ce sentiment profond de la tradition et au désir de ressusciter une sorte d'hérédité que fut due, sous le premier Empire, la création des juges auditeurs assimilés aux auditeurs au Conseil d'État. — Pendant un noviciat de cinq années, le jeune magistrat admis à participer aux travaux des Cours, des tribunaux et des parquets, pouvait prendre la parole comme organe du ministère public, procéder à une enquête ou à des actes d'instruction, mais n'avait que rarement voix délibérative, ses fonctions demeurant amovibles. « L'institution fut très-utile dans le principe, dit M. Bé-« renger dans son *Traité de la justice criminelle;* elle avait « pour objet de former de bonne heure de jeunes sujets aux « vertus de leur profession, par l'exemple journalier que

Conseillers et Juges auditeurs.

« leur offraient les anciens magistrats. A l'origine, les can-
« didats furent nommés au scrutin par les Cours. Tant que
« cette forme de présentation fut observée, les Cours s'as-
« surèrent de bons élèves et les anciens magistrats d'excel-
« lents successeurs. » Fort utile, quand elle associait à une
Cour des intelligences d'élite, l'institution servit bientôt à
favoriser des ambitions moins légitimes. Les auditeurs, loin
de se retirer après cinq ans d'exercice, se perpétuaient sur
leurs siéges jusqu'à ce qu'ils eussent obtenu le titre et les
fonctions de magistrat. Ce recrutement retardait l'avancement et excitait les jalousies de tout le ressort. Il suffisait de la
moindre secousse politique pour déterminer la suppression
de ce noviciat judiciaire que l'opinion publique condamnait
en le rattachant aux souvenirs de l'ancien régime. La loi

Leur suppression en 1830.

du 10 décembre 1830 abolit tous les juges auditeurs, et ne
laissa subsister les conseillers auditeurs en exercice que pour
les supprimer par voie d'extinction.

Le service des tribunaux ne pouvait se passer de jeunes

Juges suppléants.

auxiliaires, la magistrature réclamait un stage. Les juges suppléants, multipliés peu à peu, répondirent à ce double besoin;
mais cette institution, qui avait l'inconvénient de conférer
d'emblée l'inamovibilité aux candidats, ne tarda pas à être
vivement attaquée. Les motifs qui avaient déterminé la suppression des auditeurs en 1830, firent voter en 1840, après
une vive discussion, la suppression des juges suppléants au
tribunal de la Seine [1]. On répétait que les conditions d'admission étaient trop faciles, qu'il n'existait aucune épreuve préalable destinée à écarter les sujets peu capables et peu laborieux et qu'il en résultait un affaiblissement progressif des
tribunaux et des Cours; à la Chambre des pairs, M. Portalis

---

[1] Le titre demeura, et au lieu d'appartenir à des jeunes gens se destinant
à la magistrature, il fut donné à des membres du conseil de l'ordre et à
d'anciens praticiens. Comme leur âge ou leurs travaux les empêchaient
d'assister aux audiences, le tribunal manquait en réalité de juges suppléants. Peu à peu des jeunes gens plus libres de se tenir prêts au service des
Chambres remplacèrent des jurisconsultes et des avocats tels que MM. Paillet,
Denormandie et Chaix d'Est-Ange, et le noviciat détruit en 1840 se reforma.

réclamait l'établissement « d'un noviciat pratique véritable « auquel on ne devrait admettre que ceux qui auraient déjà « acquis les connaissances dont il s'agit de faire l'applica- « tion. » (*Moniteur*, 1842, p. 1645.)

Deux ans plus tard, la Chambre des pairs était saisie d'un projet conforme au vœu de M. Portalis, auquel s'étaient as- sociées la Cour de cassation et vingt Cours royales. Amendé pendant les débats, le projet de loi avait l'inconvénient de se rapprocher sensiblement de l'auditorat dont il atténuait, il est vrai, les dangers en exigeant le doctorat en droit et en refu- sant, en tous cas, la voix délibérative à l'auditeur[1]. Le gou- vernement ne crut pas devoir présenter ce projet à la Chambre des députés, et nous ne le mentionnons que pour indiquer « avec quelle énergie la magistrature réclamait, dès cette époque, une institution définitive qui assurât son recrute- ment[2] ».

Elle n'en obtint aucune. L'institution des attachés ne pou- vait en tenir lieu. M. Martin du Nord essaya cependant de relever leur situation en exigeant le doctorat en droit des douze avocats qu'il attacha à la chancellerie, mais quelle que fût leur aptitude, les candidats ne trouvaient dans leur passage un ministère de la justice, sous un titre brillant et recherché, que les moyens d'acquérir une expérience res- treinte. Plus profitables étaient les travaux des attachés que les procureurs généraux se donnèrent à l'exemple de la chancellerie. Un grand nombre d'avocats y acquirent, sous les yeux de leurs futurs chefs, l'habitude des affaires et la connaissance de l'administration des parquets. Il s'y formait

Efforts pour créer un noviciat judiciaire.

Attachés à la chancellerie.

Attachés aux parquets des Cours et tribunaux.

---

[1] L'article 13 de la loi du 20 avril 1810 accordait voix délibérative en certains cas à l'auditeur qui, on le sait, était toujours révocable.

[2] Rapport adressé au garde des sceaux par la commission chargée d'é- tudier les moyens d'étendre aux divers ressorts judiciaires l'institution du concours pour la nomination des attachés (imp. nat., février 1876). — Cette commission était composée de MM. Mercier, président à la Cour de cassa- tion ; Tranchant, conseiller d'État ; Pont, conseiller à la Cour de cassation ; Duvergier, directeur des affaires civiles ; Ribot, directeur des affaires cri- minelles ; Hémar, avocat général à la Cour de Paris, et Campenon, substitut à Paris, secrétaire et rapporteur.

de bons employés, des rédacteurs habiles et soigneux ; mais l'étude du droit y était absolument négligée ; l'habitude de la parole risquait de s'y perdre[1]; plus les travaux étaient considérables et plus les jeunes avocats distraits de leur stage et confinés dans un bureau du parquet étaient éloignés du mouvement judiciaire. Et cependant, après plusieurs années consacrées gratuitement à un labeur si aride, le chef du parquet ne pouvait refuser une présentation. De ce stage préalable sans condition d'entrée découlait donc pour les procureurs généraux une obligation morale qui était funeste au recrutement[2].

Aucune garantie
n'existe
pour le choix
des magistrats.

Depuis de longues années on peut dire que le choix des jeunes gens appelés à recruter les degrés inférieurs a été livré au hasard des recommandations; aucun chef de compagnie ne nous démentirait, s'il passait en revue les substituts et les juges suppléants parvenus dans son ressort. Nommés tantôt sur la foi de protecteurs puissants, tantôt parce que leurs fonctions d'attaché en ont fait, quel que soit leur mérite, des candidats forcés, c'est quelques mois, souvent quelques années après leur entrée en fonctions que leur talent ou leur faiblesse se découvre; au lieu de précéder la

Conférence
des attachés.

[1] Ce serait un coupable oubli autant qu'une injustice de ne point signaler ici les remarquables efforts accomplis en 1862 par l'initiative de M. Brière-Valigny, alors substitut du procureur général, pour combler la lacune que nous signalons. Groupant en un seul corps les attachés aux parquets de la Cour de cassation, de la Cour d'appel et du tribunal, il les réunit chaque semaine en une conférence dans laquelle entrèrent plusieurs avocats. De ce rapprochement entre le jeune barreau et de futurs magistrats, qui faisait naître la plus heureuse émulation, sortirent des discussions et des travaux dont aucun membre de la conférence des attachés n'a perdu le souvenir. Sous la direction assidue de M. Brière-Valigny qui la présidait, assisté de son collègue M. Legendre qui en était le vice-président, cette réunion apprenait aux attachés, à la grande surprise de quelques-uns d'entre eux, que le travail de la correspondance administrative n'était pas la seule préparation à la carrière judiciaire. Les attachés ont dû à la conférence de sérieuses études et plusieurs avocats y ont vu naître leur vocation judiciaire. Aussi tous ceux qui ont participé aux travaux de cette réunion ont-ils conservé pour son fondateur une reconnaissance qui prouve combien était utile l'initiative qu'il avait prise.

[2] Cent cinquante jeunes avocats sont attachés aux divers parquets de France. Le rapport de M. Campenon en donne l'état par parquet, p. 8 et 9.

nomination, l'épreuve la suit. A ce moment, il est trop tard, et le magistrat médiocre vient s'ajouter aux non-valeurs qui encombrent certains siéges.

Qu'on n'objecte pas que ce péril est commun à toutes les carrières. Oui, dans toutes les hiérarchies, l'insuffisance de certains hommes n'apparaît qu'avec le temps. Partout la pratique des fonctions est le plus sûr examen de la valeur individuelle; mais est-ce un motif de négliger toute autre épreuve? Et lorsqu'une mission est confiée à un homme, mission si grave que l'inamovibilité en a paru la garantie nécessaire, l'État doit-il permettre que l'expérience s'accomplisse aux dépens des plus précieux intérêts? En Angleterre, ce sont des avocats éprouvés, des jurisconsultes entourés de la considération publique qui abandonnent le barreau pour monter sur le banc des juges, tant on estime qu'en une telle matière il est impossible que la société livre rien au hasard. On s'étonne souvent du respect que les Anglais professent pour les corps judiciaires. N'en cherchez pas d'autres raisons : tout est fait pour attirer vers la magistrature les intelligences d'élite. Le barreau le sait, les gens de loi le constatent, et la nation entière a confiance.

En France, le nombre des magistrats met obstacle à un choix aussi restreint. Il n'y a pas chaque année en Angleterre plus de trois ou quatre grands siéges à pourvoir, tandis que 140 places en moyenne viennent à vaquer annuellement parmi nous (rapport de M. Campenon). Il est donc impossible de se contenter de choisir ceux que met en première ligne le perpétuel concours du barreau. Les avocats en possession d'une clientèle apportent sur le siége une expérience qui vient ajouter à la valeur des compagnies, mais la magistrature ne peut être exclusivement recrutée dans leurs rangs. Pour les postes de début, il faut trouver des hommes qui, à l'entrée de la vie, se dévouent à la carrière judiciaire.

Le problème se posait donc sous la même forme : comment choisir les jeunes gens dignes d'être associés à l'administration de la justice? Nous avons vu les inconvénients du choix sans garantie dicté par la faveur. L'absence de toute épreuve précédant la nomination nous a paru dangereuse. Fallait-il instituer à l'entrée de la magistrature ce qui a offert au recrutement du Conseil d'État et de la Cour des comptes des éléments si remarquables ? Devait-on aller jusqu'à mettre au concours les places de substitut ? M. Dufaure n'a pas pensé qu'une telle organisation fût compatible avec la dignité de la justice, ni qu'elle pût fournir, sous une forme directe, les candidats aux places vacantes.

Organiser une période de stage qui permette de juger la valeur réelle de l'intelligence, placer à l'entrée de ce stage un examen qui atteste la solidité des études, combiner ainsi les avantages du concours qui met en lumière les qualités brillantes de l'esprit avec la maturité si féconde du travail quotidien, avant tout, éliminer les médiocrités, quelles que soient les protections qu'elles invoquent, telle fut la pensée qui inspira l'arrêté du 10 octobre 1875.

En ouvrant un concours pour six places d'attachés de première classe, le garde des sceaux maintenait le mode de stage qui avait été établi avant lui. L'arrêté confondait en un seul corps les attachés à la chancellerie et ceux des deux parquets de Paris pour en faire les stagiaires de la magistrature. Il organisait en même temps deux classes d'attachés, ouvrant la seconde classe aux licenciés en droit et réservant la première aux docteurs. Deux ans de stage dans la seconde classe devaient être exigés des attachés qui n'auraient pas été lauréats de la Faculté de droit, secrétaires de la conférence des avocats ou déclarés admissibles au concours de l'agrégation des Facultés de droit.

La réforme que tentait M. Dufaure pour les attachés du ressort de Paris n'était qu'un premier pas. La circulaire qui transmettait aux procureurs généraux l'arrêté du 10 octobre traçait le plan général. Si les résultats du premier concours étaient satisfaisants, l'extension de la mesure aux autres ressorts judiciaires devait être mise à l'étude. Dans la pensée du garde des sceaux, « l'institution des attachés pouvait devenir, grâce au concours, une pépinière excellente pour le recrutement de la magistrature ». — Pendant que cette expérience se préparait, les procureurs généraux étaient invités à faire connaître leur opinion personnelle sur les avantages ou les inconvénients que présenterait l'institution d'un concours unique pour le recrutement des attachés des divers parquets.

La lecture des rapports démontre combien était opportune l'initiative du garde des sceaux. Un procureur général déclare que les « chefs de parquet, préférant leur repos « à leurs devoirs, acceptent trop souvent, comme attachés, tous les fils de conseillers et de personnages no- « tables qui ont été assez heureux pour conquérir le diplôme « de licencié. Cet état de choses n'a pas seulement pour « effet d'introduire dans l'ordre judiciaire des magistrats « d'un mérite médiocre, peu disposés au travail et à l'effort ; « il décourage les candidats qui, moins favorisés du côté de « la parenté, fourniraient de vaillantes recrues. En présence « des difficultés qu'ils prévoient, croyant à la puissance de « la faveur, ils se découragent et demandent à d'autres car- « rières un avenir que la magistrature semble leur refuser. » — Un autre procureur général fait un aveu non moins explicite : « Il est bien difficile, dit-il, de refuser d'admettre « dans ce qu'on appelle la pépinière des tribunaux tel fils « d'un président de chambre ou d'un conseiller. D'autres « personnes influentes nous assaillent aussi sous ce rapport « de recommandations auxquelles tout le monde ne sait « pas se soustraire. Le concours, en nous débarrassant des « désignations individuelles, nous serait évidemment avan- « tageux. [1] » Il résulte de ces rapports que l'institution des attachés, telle qu'elle avait été organisée, était presque partout en déclin.

Vingt-neuf candidats se présentèrent en décembre 1873 pour se disputer les six places offertes. Dès le début, il parut certain que le niveau des épreuves serait élevé par la valeur même des concurrents. Le jury, qui avait reçu la mission de diriger le concours, résuma, dans un remarquable rapport

<hr>

[1] Rapport de la commission, p. 10.

dû à la plume de M. Campenon, substitut du procureur général, les conditions de la réforme, et ses conclusions furent entièrement favorables à l'institution de ce noviciat judiciaire.

Pour que l'innovation fût durable, il était bon qu'elle reçût la consécration d'un règlement d'administration publique. Le Conseil d'État fut saisi du projet qu'avaient rédigé les jurés du concours; il en étudia avec soin le principe et les détails qui furent fixés par le décret du 29 mai 1876.

Décret
du 29 mai 1876.

Deux classes d'attachés sont créées: pour parvenir à la seconde classe, aucun concours n'est établi, il suffit d'une nomination du garde des sceaux qui choisit parmi les docteurs en droit et les licenciés qui ont subi avec succès les deux examens de doctorat. Cent huit attachés de cette catégorie sont répartis dans les Cours ainsi que dans les tribunaux les plus chargés.

La première classe comprend soixante attachés dont douze faisant le service de la chancellerie. Le concours seul en ouvre l'accès. Pour être admis à subir les épreuves, le grade de docteur en droit et la présentation par un des chefs de la Cour ou le bâtonnier du barreau d'une Cour sont exigés. A défaut de présentation, le candidat peut être inscrit, s'il est attaché de deuxième classe, lauréat de l'Institut ou des Facultés de droit de l'État, admissible à l'agrégation des mêmes Facultés ou licencié ès lettres. Aucun de ces titres ne crée d'ailleurs un droit absolu; la science seule ne fait pas le magistrat. « L'honorabilité de la famille, disait « en excellents termes le rapporteur du concours, la dignité « de la vie privée, la régularité du travail, l'habitude de la « discrétion, ces dons de nature qui ne s'acquièrent pas et « qui permettent au magistrat de prendre rapidement une « décision sage, en un mot, cet ensemble de qualités qu'on « appelle les mœurs judiciaires, ne peuvent s'affirmer par « un concours » (p. 2). Le garde des sceaux conserve le droit d'apprécier, avant l'admission au concours et après une enquête sérieuse, « si les candidats réunissent les conditions morales qui doivent être exigées des aspirants à la magistrature ». (Art. 6.) — Ainsi se trouve consacrée l'une des garanties les plus indispensables au succès d'une telle réforme.

La première application du décret eut lieu le 4 décembre 1876. Un grand nombre de jeunes gens demandèrent à être admis au concours. Plusieurs docteurs en droit furent écartés à la suite d'investigations minutieuses faites par les procureurs généraux. La liste ainsi épurée comprenait 84 candidats ; 64 se sont présentés pour subir les deux épreuves écrites, consistant chacune en une composition sur un sujet que les candidats doivent traiter en six heures, sans pouvoir consulter d'autres livres qu'un Code non annoté. Les 4 et 5 décembre, les deux sujets suivants furent tirés au sort : 1° des attributions du ministère public en matière civile, à l'audience et hors de l'audience ; 2° des mandats de la détention préventive et de la liberté provisoire.

Seize furent éliminés et quarante-huit admis aux épreuves orales. Elles peuvent porter, comme les épreuves écrites, sur le droit civil et commercial, sur le droit criminel, sur l'organisation judiciaire et sur les principes généraux du droit public ou administratif. Chacun des candidats fit une leçon d'une demi-heure sur un sujet tiré au sort et remis au candidat une heure avant le commencement de l'épreuve, puis il dut répondre, pendant une heure, aux différentes questions qui lui furent adressées par tous les membres du jury.

Cette partie du concours donna les résultats les plus remarquables. Un tiers seulement des admissibles fut repoussé. La moyenne des épreuves fut telle que le jury, après avoir classé, par ordre de mérite, les seize premiers candidats qui allaient être nommés attachés, n'hésita pas à en recommander seize autres à l'attention du garde des sceaux.

En résumé, l'expérience a confirmé ce qu'on attendait de la réforme. Le concours a fait sortir de l'obscurité des hommes de savoir et de mérite pour lesquels la magistrature ne se serait ouverte que très-tard et très-difficilement. La cause des concours est gagnée en principe. Est-ce à dire que du premier coup les limites du progrès soient atteintes ? Telle n'est pas notre pensée. Les épreuves en elles-mêmes doivent être strictement surveillées pour que la capacité des concurrents n'en hausse pas indéfiniment le niveau. Le péril des concours est l'exagération même des difficultés; les examinateurs ont une tendance à étendre et à compliquer les programmes, afin d'établir avec moins de peine un classement. De là ces questions embarrassantes, ces problèmes de détail, véritables arguties d'école où triomphent, non les facultés solides, mais la mémoire, ce don merveilleux et trompeur qui accompagne souvent le mérite, mais qui n'en donne pas toujours la mesure. Qu'on ne s'y trompe point, il ne s'agit pas de discerner uniquement la science des candidats. Docteurs en droit, ils savent assurément ce que la chancellerie doit exiger d'un jeune magistrat. Ce qu'il s'agit d'apprécier, c'est la valeur de leur esprit, la sûreté de leur jugement, ce que vaut leur style, comment ils traiteraient une question ou rédigeraient un rapport, quelle forme ils donneraient à leurs conclusions s'ils avaient à discuter une théorie juridique; en d'autres termes, comment ils sauraient exprimer leur pensée à l'aide, soit de la plume, soit de la parole. Voilà le vrai sens de l'épreuve : qu'on se garde de la dénaturer en la forçant. Diminuez la part trop grande faite à la mémoire du candidat; circonscrivez le programme, et permettez aux concurrents de préparer à tête reposée leur leçon; ne leur refusez pas quelques livres; plus vous leur en donnerez, mieux vous jugerez ce que leur discernement saura tirer de l'abondance même des matériaux.

Il y a mieux à faire. Que deviennent dans les parquets les attachés? A quels travaux sont-ils employés? Tel est le second écueil de la réforme. Le garde des sceaux l'a entrevu. « Je ne saurais trop insister, disait-il, sur l'inconvénient « grave qu'il y aurait à n'employer ces jeunes gens qu'à des « travaux matériels et purement subalternes. Un attaché ne « doit pas tenir uniquement la place d'un expéditionnaire[1]. »

1 Circulaire du 4 juin 1876 (*Bulletin du ministère*, p. 94).

A ces sages avis, le garde des sceaux ajoute la nécessité,
pour les attachés, de s'exercer à la plaidoirie, et recommande
aux procureurs généraux de les charger de la rédaction de
travaux et de mémoires touchant à la science juridique. Malheureusement, la plupart des attachés ont suivi, depuis bien
des années, de fâcheuses traditions. Tranformés en employés
gratuits par une pratique routinière, ils ne cherchaient point
l'occasion de déployer leur intelligence et végétaient à
l'ombre des bureaux en attendant leur présentation. Il faut
espérer que la réforme nouvelle les tirera de leur engourdissement. Le secrétaire général du ministère de la justice,
M. Ribot, avait créé, vers le mois de février 1876, une conférence où, chaque vendredi, les attachés des parquets, réunis
à ceux de la chancellerie, venaient, sous sa présidence, s'exercer à la parole. Tantôt ils discutaient une question de droit,
tantôt ils examinaient un arrêt de la Cour de cassation, re-
montant aux principes, soutenant ou attaquant la théorie qu'il
contenait. Des travaux écrits se mêlaient aux discussions
et une impulsion féconde était ainsi donnée. Il faut que dans
d'autres centres l'éducation judiciaire des attachés soit l'objet
de soins aussi vigilants. Ce n'est pas une médiocre tâche que
de préparer des magistrats. Ce devoir est confié aux membres des parquets. Si tous ne s'y prêtent pas, si les tentatives
les plus sérieuses ne sont pas accomplies, la réforme échouera
et l'on ne manquera pas d'accuser les concours d'un échec
que l'impuissance des hommes aura seul amené.

Il y a des magistrats qui, tout en approuvant la pensée qui
a inspiré le décret du 29 mai, refusent toute valeur à l'institution des attachés. M. Merville reconnaît, dans un récent
article, que le concours réalise un progrès important ; il y
voit une « initiative à la fois honnête et hardie qui a su ne
« pas reculer devant certains préjugés fort répandus dans le
« monde de la magistrature[1] ». Mais il ne croit pas que les
docteurs en droit puissent acquérir l'expérience judiciaire

[1] Recrutement de la magistrature, par M. Merville, conseiller à la Cour
de cassation (*Revue pratique de droit français*, 15 août 1870, p. 172).

dans ces fonctions presque subalternes. C'est aux procureurs généraux qu'il appartient d'écouter ces avertissements et d'en tenir compte, en associant les attachés à des travaux intelligents plus qu'aux détails du mécanisme administratif. M. Merville regrette les auditeurs et se demande si l'institution détruite en 1830 n'aurait pas mérité de renaître, mais combinée avec le concours qui en aurait effacé les défauts. Les docteurs en droit, pourvus de ce titre pendant trois années, ne pourraient-ils pas participer aux travaux judiciaires? Quoique privés de voix délibérative, n'acquerraient-ils pas l'expérience qui manque aux attachés, et ce noviciat qui a été condamné parce que la faveur l'avait peuplé d'incapables, ne pourrait-il pas reparaître à la condition que le concours en fermât l'accès aux médiocrités? Ce sont là des questions qui ne peuvent laisser indifférents les magistrats. Elles touchent non-seulement à la valeur intrinsèque de la justice dont ils sont les organes, mais à l'autorité politique des institutions judiciaires. Aussi sommes-nous loin de rejeter les idées mises en avant par M. Merville. Le juge exerce la fonction la plus haute et par conséquent il jouit du privilége le plus considérable que puisse déléguer la société. S'il est au-dessous de sa tâche, il assume toutes les responsabilités. Que dans l'état actuel de nos mœurs publiques, beaucoup de juges puissent être taxés d'insuffisance, et l'opinion demandera bien d'autres réformes que le concours. C'est ce qu'avec autant d'énergie que de profondeur a su exprimer M. Dufaure : « Nous vivons disait-il dans la circulaire aux procureurs généraux, à une « époque où toutes les fonctions publiques qui ne sont pas « données à l'élection, doivent se défendre par le mérite de « ceux qui les occupent. Nous n'échapperons à l'application « des théories fausses qui se sont fait jour dans ces derniers « temps relativement à l'élection des magistrats qu'à la con- « dition d'éviter dans nos choix toute faiblesse et de ne laisser « entrer dans les rangs de la magistrature que des jeunes « gens capables, instruits, ayant dejà fait leurs preuves et « conquis l'estime de ceux qui ont assisté à leurs débuts. » (Circulaire du 4 juin 1876, *Bulletin*, p. 95.)

Ce langage était digne assurément du garde des sceaux qui
se préoccupait constamment depuis cinq années des moyens
de relever la situation des corps judiciaires.

II

Parmi les réformes introduites sans le secours de la puissance législative, une des plus utiles à l'administration de la
justice fut certainement l'organisation des visites périodiques
des procureurs généraux. Placé par son rang au sommet de
la hiérarchie, résidant au chef-lieu du ressort et le quittant
rarement, le chef du parquet vivait trop souvent dans une
région inaccessible à ses subordonnés. Semblable en cela à
la plupart des fonctionnaires de l'administration française,
le procureur général traitait toutes les affaires du fond de
son cabinet. Qui ne sait combien il est rare qu'un préfet ou
un sous-préfet se déplace ? Et cependant quel profit pour la
question à résoudre aussi bien que pour l'effet politique
lorsqu'un administrateur vient dans la commune même,
recueillir d'une oreille attentive l'expression de tous les intérêts ! Notre hiérarchie judiciaire est organisée de telle sorte,
les juridictions laissées à elles-mêmes se suffisent si complé-
tement, que les chefs de parquet, auxquels les tournées
avaient été jadis recommandées, se sont contentés de recevoir
des rapports, de transmettre des instructions écrites, appe-
lant auprès d'eux leurs substituts dans les cas les plus graves.
En exerçant ainsi de trop haut leur tutelle, les procureurs
généraux se privaient d'une part notable de leur autorité.
« C'est seulement en voyant les magistrats à l'œuvre dans
« le milieu où ils exercent leurs fonctions, écrivait M. Du-
« faure aux chefs de parquets, que vous pourrez acquérir
« une connaissance exacte de leur valeur personnelle, de la
« situation qu'ils occupent et du degré de confiance que les
« justiciables ont dans leur impartialité. Les abus qui ont
« pu s'introduire dans la tenue d'un parquet ou du greffe
« d'un tribunal vous apparaîtront d'eux-mêmes au cours
« d'une inspection faite à l'improviste. D'autre part, votre

« arrivée dans un arrondissement sera un avertissement pour
« tous que les réclamations, s'il en est de fondées, seront
« examinées par vous avec le soin qu'elles méritent[1]. »

Le garde des sceaux appelait particulièrement l'attention
des procureurs généraux sur l'immixtion récente, contraire-
ment à ses instructions formelles, de quelques juges de paix
dans la lutte électorale ; mais ce n'était là qu'un côté de leur
examen qui devait porter sur la valeur intellectuelle des magistrats d'arrondissement, leur situation dans la ville où ils
exerçaient la justice, leur autorité morale, le degré d'influence qu'ils possédaient et l'avancement que pouvaient
mériter les plus capables. On assure que cet excellent programme a été réalisé par plusieurs procureurs généraux
dont les rapports pleins d'observations sagaces, de faits cu-
rieux et de jugements nouveaux ont prouvé ce que valait la
mesure prise en mai 1876. Ces rapports forment, dit-on, un
ensemble du plus grand prix ; ils jettent sur les usages des
petites villes, sur les relations intérieures des magistrats
entre eux, sur ces mœurs judiciaires dont nous parlions
plus haut une lumière inattendue. A côté de relations sèches
et froides, il en est où le récit de conversations, soit avec
les magistrats, soit avec les personnes notables de l'arrondissement, donne la vie à ce personnel considérable que la
chancellerie avait peine à deviner à travers les phrases cal-
culées d'un rapport officiel.

Dans notre organisation judiciaire, on ne le comprend pas
assez, le contrôle, aussi bien que l'impulsion, vient du procureur général. Certains services, tels que l'instruction publique, ont des fonctionnaires d'ordres différents chargés : les
uns de l'exécution, les autres de l'inspection. Ces fonctions
sont confondues chez le magistrat qui est investi de l'action
publique. Pour la magistrature, il n'y a pas d'autres inspec-
teurs généraux que les chefs des parquets de Cour. Tel est
le principe qu'a mis en relief, au grand profit de toute la
hiérarchie judiciaire, la circulaire du 10 mai 1876.

____

[1] Circulaire du 10 mai 1876. (*Bulletin*, p. 77).

Si, chaque année, le procureur général s'attache à voir en détail une partie de son ressort, comme le prescrivait le garde des sceaux, ces visites feront naître entre les magistrats des relations toutes nouvelles. Le procureur général verra son influence pénétrer et s'étendre; il connaîtra son ressort et sera connu des autorités locales. En même temps se formera, au ministère de la justice, un précieux répertoire d'informations exactes sur les hommes et sur les tribunaux.

III

L'absence de liens entre la chancellerie et les magistrats, voilà en effet une des lacunes de notre organisation. Les règles de la hiérarchie ont restreint les relations du ministère aux circulaires et aux dépêches adressées aux procureurs généraux. Une circonstance urgente justifie seule une communication aux procureurs de la République. Et cependant que de dépêches importantes mériteraient de leur être adressées ! Quelle utilité pratique tous les magistrats pourraient retirer d'une divulgation régulière des solutions données par la chancellerie ! Cette pensée a inspiré la création du *Bulletin officiel du ministère de la justice* qui a paru au commencement de 1876. Il contient les circulaires et les arrêtés ministériels, aussi bien que les nominations; mais ce qui fait la nouveauté de cette publication, c'est l'insertion de toutes les décisions d'intérêt général prises par le garde des sceaux.

Bulletin officiel du ministère de la Justice.

Chaque jour arrivent à la chancellerie, de tous les parquets de France, des demandes d'instructions pour la solution de questions délicates ou nouvelles. Les bureaux de la direction civile comme de la direction criminelle préparent les solutions qu'arrête le directeur d'accord avec le secrétaire général. S'il s'agit d'une affaire de quelque gravité, le garde des sceaux examine le dossier, entend un rapport et statue lui-même. Supposez que la difficulté ne soit pas tellement générale qu'une circulaire soit justifiée. Lorsque la dépêche

Les décisions de la chancellerie demeuraient inconnues des magistrats.

aura été expédiée, la minute demeurera enfouie dans les bureaux. Les magistrats saisis de l'espèce qui a donné naissance à la question, connaîtront seuls l'opinion de la chancellerie : de là une expérience restreinte, et si la question naît un mois plus tard, à l'autre extrémité de la France, une nouvelle correspondance s'engagera pour réclamer une solution identique qui ne manquera pas de se faire attendre.

Le *Bulletin officiel*, en contenant toutes les décisions de principe, fait disparaître cet inconvénient. Tous les parquets apprennent, en le lisant, la jurisprudence de la chancellerie. Sans qu'on ait recours aux formes solennelles d'une circulaire, tous les magistrats reçoivent l'avis officiel des décisions qui facilitent le cours de la justice.

Elles formeront un corps de doctrine qui donnera plus d'unité à l'administration de la justice.

Cette publication ne présente-t-elle pas d'autres avantages ? N'aura-t-elle pas pour résultat d'améliorer la jurisprudence du ministère de la justice ? de lui assurer une plus ferme unité, en donnant un corps à l'ensemble des précédents ? Qu'on ne s'y trompe pas. Le pouvoir des bureaux de la chancellerie est considérable. Ils préparent des décisions qui règlent l'administration de la justice. Décisions d'espèce, nous l'admettons, mais qui fixent peu à peu l'interprétation pratique des lois et qui pénètrent ensuite dans les circulaires jusqu'à ce qu'elles soient consacrées par la jurisprudence.

A côté de ces solutions judiciaires figurent les consultations qui sont demandées chaque jour par les ministères. Le garde des sceaux est sans cesse appelé à donner son avis. C'est une loi fiscale dont le ministre des finances veut étendre les pénalités, c'est le conflit de la législation coloniale avec une loi de la métropole dont le ministre de la marine réclame la solution, tantôt la nationalité d'un jeune soldat appelé sous les drapeaux que le ministre de la guerre a hâte de faire fixer, ou bien une réclamation d'un gouvernement voisin sur laquelle le ministre des affaires étrangères tient à avoir l'opinion motivée du garde des sceaux. Autant de dépêches qui entraînent des solutions d'une incontestable gravité. En voyant réunies dans ce bulletin les décisions du ministère de la justice, n'est-on pas effrayé de penser que

tant de questions de premier ordre, engageant les principes
mêmes de notre législation, peuvent être résolues sans les
garanties permanentes d'une délibération préalable? Signées
du nom d'un grand jurisconsulte qui aura dû les sceaux à
l'éclat de son talent, elles auront une portée que nul ne
contestera. Mais qui peut ignorer ce que valent les garanties
quand elles ne reposent que sur le mérite des hommes?
Ceux-ci passent et la fonction reste, avec l'étendue d'une responsabilité excessive. Reportons notre pensée en arrière.
Voyons quelle sécurité offraient tels ou tels ministres portés
aux affaires par les hasards de la politique. Au-dessous du titulaire mobile que la fortune des scrutins investit de la plus
grande autorité judiciaire, n'est-il pas à propos de placer une
réunion de jurisconsultes qui puissent donner leurs avis sur
ces graves problèmes? Il le faut pour la responsabilité du ministre qui a besoin d'être éclairé, qui ne peut l'être que
lorsqu'un mûr examen aura précédé sa décision. Si la vue
plus claire du travail accompli jusqu'ici par la chancellerie
fait naître cette institution, le *Bulletin*, déjà si utile en lui-
même [1], aura été l'origine de la plus heureuse réforme.

Utilité de créer un comité consultatif.

IV

. Parmi les progrès accomplis, l'un des plus intéressants est,
à coup sûr, la création d'une bibliothèque de législation étrangère. A différentes époques, on avait conçu la pensée de former à Paris une collection des lois en vigueur hors de nos
frontières; ce projet, qui avait toujours rencontré la sympathie, n'avait jamais été réalisé. Lorsqu'en 1867, l'initiative
de quelques esprits généreux fonda la Société de législation
comparée, il s'agissait de poursuivre le même but, mais il

Collection des lois étrangères.

[1] Au premier rang des publications du *Bulletin,* nous devons signaler
une analyse des rapports adressés au gardes des sceaux par les présidents
des tribunaux, à la suite des élections sénatoriales du 30 janvier 1876.
Ce résumé forme un document du plus grand intérêt sur la première
application du nouveau mode de suffrage organisé par la loi constitution-
nelle.

ne se trouva pas entièrement atteint. La Société montra tout ce que pouvait faire une réunion d'esprits actifs et laborieux pour la publication et l'étude des textes, la mise en lumière et la traduction des documents; le nombre des membres atteignant le chiffre de mille, ainsi que le zèle des collaborateurs prêts à toutes les tâches, assuraient à l'entreprise nouvelle un développement que ni ses ressources, ni les locaux dont elle disposait ne lui permettaient de donner à sa bibliothèque. Telle collection de lois d'un seul pays aurait suffi à remplir ses rayons. Il fallait se borner, et plus d'une fois les travaux entrepris avaient souffert de la recherche infructueuse des textes. La Bibliothèque nationale, celle de la Chambre des députés contenaient quelques collections importantes; mais nulle part n'existait un ensemble méthodiquement classé, mis au courant avec régularité et offrant des documents certains aux législateurs, aux magistrats et aux publicistes.

M. Dufaure, qui avait protégé dès ses débuts la Société de législation comparée et qui en avait été, pendant deux années, le président, voulut que l'État se chargeât de créer cette bibliothèque étrangère. C'est au ministère de la justice qu'il entendit la placer, à la portée des jurisconsultes aussi bien que des membres des deux Chambres. Pour assurer l'existence d'un dépôt permanent, il ne suffisait ni d'un arrêté ministériel, ni d'un crédit que le caprice ou l'indifférence de tel de ses successeurs pourrait laisser sans emploi, il fallait organiser un principe d'action capable de consolider l'œuvre en dehors du ministre lui-même. Un comité fut institué, avec la mission de donner son avis sur le mode de formation de cette collection, ainsi que de veiller au classement et à la conservation des documents qui devaient y figurer; ce n'était donc point une de ces commissions qui répondent au besoin d'un jour et qui passent avec la question qui les a fait naître; la mission était permanente et l'achèvement de la tâche était confié à son zèle. Quand la partie matérielle serait assurée, l'arrêté qui la constituait lui laissait entrevoir une œuvre scientifique, en la chargeant de signaler au garde des sceaux les lois étrangères dont il lui paraîtrait utile de publier des traductions.

Trois mois après la première publication de l'arrêté ministériel, M. Aucoc, président au Conseil d'État, fit, au nom du comité, qui l'avait appelé à la direction de ses travaux, un rapport au garde des sceaux sur les moyens à l'aide desquels devait être formée, dans un bref délai, une collection de lois étrangères. Il faut lire dans le *Bulletin* (1876, p. 107) cet exposé précis contenant « l'état des monuments de la législation dans la plupart des pays civilisés ». Le programme des acquisitions se trouvait tracé. Il fallait faire mieux encore, en se préoccupant d'assurer avec les nations étrangères un système d'échanges qui pût faire parvenir périodiquement en France les collections officielles. La sympathie des gouvernements n'était pas douteuse. Comment refuseraient-ils un envoi qu'on solliciterait en se présentant à eux les mains pleines de documents analogues ? La seule difficulté était de se faire entendre. Le ministère des affaires étrangères promettait de s'entremettre activement ; néanmoins il rappelait les efforts infructueux, les retards, les malentendus et les échecs de ces sortes de demandes. Le secrétaire général du ministère de la justice suggéra au comité la pensée de profiter des relations du gouvernement français avec les puissances amies, pour obtenir l'institution, dans les différents pays, d'un comité ou bureau analogue à celui qui venait d'être fondé, et qui aurait pour objet d'échanger les documents parlementaires aussitôt après leur publication. Ainsi mis en rapport, les comités entretiendraient des correspondances qui créeraient, non plus seulement en France, mais dans tous les pays, un foyer d'étude et rassembleraient des renseignements propres à alimenter partout les travaux législatifs et à assurer les progrès du droit international.

La commission du budget, déjà avertie de la création du comité, reçut fort à propos communication du rapport de M. le président Aucoc. Elle entendit le secrétaire général du ministère de la justice et résolut de s'associer à des efforts aussi féconds pour la réforme des lois que pour les progrès

Rapport de M. le président Aucoc.

Relations directes avec les gouvernements étrangers.

Crédits votés par les Chambres.

de la science juridique. 25.000 francs de crédit extraordinaire pour 1876, 20.000 francs inscrits au budget ordinaire de 1877, telles furent les sommes promises au ministre de la justice. Les Chambres les lui accordèrent et le comité dut s'occuper sans retard de leur meilleur emploi.

Le temps n'avait pas été perdu, et quand le comité se réunit, à la fin de novembre 1876, il apprit que des relations avaient été nouées avec plusieurs gouvernements. Quelques-uns étaient entrés dans la voie qui leur avait été indiquée, la plupart avaient désigné un jurisconsulte d'un rang élevé pour correspor 're avec le comité français. L'un des secrétaires, M. Gonse, rendit compte d'un voyage accompli par lui en Italie et en Suisse et des efforts entrepris par les gouvernements de ces deux pays pour répondre au désir exprimé par la France. En Suisse, les autorités fédérales avaient demandé aux cantons des exemplaires de leur législation locale, et une collection, supérieure en étendue à toutes celles de Berne ou de Zurich, allait être acheminée vers Paris. La Russie, l'Autriche, l'Allemagne, l'Italie et les Pays-Bas avaient engagé des relations que les échanges ne manqueraient pas de consacrer [1]. Au ministère de la justice, on avait transformé, pendant ce temps, une pièce au second étage en bibliothèque, pouvant recevoir 6,000 volumes. Le nombre en sera rapidement atteint, et, avant peu, cette salle, libéralement ouverte aux chercheurs, sera insuffisante pour renfermer des collections que nul, jusqu'ici, ne pouvait trouver à Paris et qui fourniront à la science juridique un instrument de travail incomparable.

Ce dépôt n'est pas le seul que renferme la chancellerie. Un grand nombre de livres, dont quelques-uns fort précieux, existent au ministère de la justice; beaucoup y sont journellement adressés. A côté de la bibliothèque spéciale qui vient d'être constituée, pourquoi ne pas grouper dans un ordre méthodique les ouvrages aujourd'hui enfouis ou

---

[1] Le rapport de M. Gonse, qui comprend le compte rendu de toutes les correspondances du comité, a été publié au *Bulletin*, 1876, p. 259.

dispersés? L'ancien cabinet du chancelier, devenu le siége du tribunal des conflits, possède des collections inestimables; les archives du ministère retiennent, à côté des manuscrits législatifs qui sont transférés périodiquement aux archives nationales, des imprimés qui seraient dignes de figurer dans un catalogue et d'être mis aux mains des hommes d'étude. N'y a-t-il pas là un travail d'ensemble à suivre pour ramener l'unité dans ces dépôts qui mériteraient de former une véritable bibliothèque?

En dehors des grands corps de l'État qui reconstituent ou développent leurs collections dans l'intérêt exclusif des membres de leur compagnie, il y a peu de bibliothèques juridiques d'un accès facile. En créant ainsi un nouveau centre d'étude moins bruyant et plus propre au recueillement du travail sérieux, le profit sera considérable. Avant peu, nous voulons croire que la bibliothèque de la chancellerie, dont le caractère spécial sera surtout d'être consacrée à la législation étrangère, s'ouvrira aux recherches des jurisconsultes, des membres des deux Chambres et des publicistes.

V

Tandis qu'à Paris, des livres précieux étaient retirés de l'obscurité où pendant longtemps ils étaient demeurés enfouis, M. Dufaure songeait à préserver, dans toute la France, les documents anciens dont les diverses juridictions étaient dépositaires. Une circulaire du 14 septembre 1875, en demandant un rapport spécial à chaque arrondissement sur l'état des archives antérieures à 1789, déclara que ces dépôts ne devraient être maintenus dans les greffes que s'ils y sont conservés avec un zèle intelligent, le premier intérêt étant « de les mettre à l'abri des ravages du temps et de l'incurie des hommes. »

Conservation des archives historiques déposés dans les greffes.

Les réponses des procureurs de la République révélèrent en beaucoup de parquets le plus fâcheux désordre. Dans tel greffe, les liasses et les manuscrits amoncelés jonchent le

État des archives des greffes,

sol d'une pièce écartée qui n'est jamais visitée; dans tel autre, les archives sont reléguées dans des caves humides ou le grenier qui les contient est ouvert au vent et à la pluie; la plupart des dépôts étaient livrés à l'abandon sans inventaire, sans qu'une communication quelconque, à un savant qui l'eût sollicitée, fût possible. A côté de cette situation lamentable, étaient signalées certaines collections d'archives rangées avec un soin qui révélait la science et le zèle des magistrats : telles étaient les archives de Laon, conservées et classées par le président du tribunal avec une perfection rare; à Beauvais, les inventaires et les rangements étaient presque achevés; à Autun, les archives étaient l'objet d'études qui donnaient pour l'avenir du dépôt une pleine sécurité. En de telles villes, aucune mesure n'était à prendre et la magistrature s'y montrait digne par son soin pieux de demeurer la gardienne des documents du passé. Il fallait prendre au contraire des précautions urgentes dans un grand nombre de greffes. Les tribunaux ne pouvaient se plaindre qu'on leur enlevât des dossiers qu'ils n'avaient rien fait pour sauver d'une destruction certaine. Soixante-quatre dépôts furent retirés des greffes et remis dans le courant de 1876 aux archives départementales, où ces versements vont être l'objet de classements particuliers par les soins des archivistes.

Remise
aux archivistes
des documents
compromis.

Dès lors, le péril le plus imminent était conjuré; mais l'œuvre de salut n'est pas encore achevée. Une centaine de greffes ont donné lieu à des descriptions qui rendent nécessaire un examen sur place. Les magistrats ou les greffiers voulant retenir leurs archives, il est clair qu'une inspection intelligente offre seule au garde des sceaux tous les moyens de juger en connaissance de cause. Déjà M. de Rozière, inspecteur général des archives, qui avait signalé fréquemment ce danger, a visité plusieurs greffes avec un soin minutieux. La mission qui lui a été confiée ne peut manquer de tourner au profit des monuments si compromis de notre histoire judiciaire.

Nécessité
d'une inspection.

C'est avant tout sur les villes parlementaires que doit se concentrer l'attention de la chancellerie. De longues suites d'archives contiennent, avec les arrêts du Parlement, les annales tout entières de la province. A Dijon, à Chambéry, à Aix, il nous revient que l'état des registres, et des salles où ils sont entassés, est déplorable et que des dépenses importantes sont commandées par l'imminence du péril dont ces précieuses archives sont menacées. Il n'est pas difficile d'indiquer ce qui est à faire. L'exemple est tout trouvé. Toulouse nous offre le modèle le plus accompli d'un classement d'archives parlementaires. Dans le palais de justice, à peu de distance de la Cour d'appel, sous l'œil jaloux des conseillers, de vastes salles abritent la collection des arrêts du Parlement de Languedoc. Ce dépôt conserve donc, par la place qu'il occupe, un caractère judiciaire; mais en même temps le soin de classer les documents, d'en dresser l'inventaire, la responsabilité des communications aux érudits qui viennent les consulter, incombent à un archiviste qui est placé sous les ordres de l'archiviste du département de la Haute-Garonne. En d'autres termes, les archives du département sont divisées en deux fonds : la section administrative située à la préfecture; la section judiciaire logée au palais de justice. Ainsi, toutes les susceptibilités sont ménagées. La magistrature n'a point été dépouillée, et les archives, mises à l'abri de toute atteinte, sont accessibles au public.

Telle est la voie dans laquelle il faut entrer. La ville de Nantes a fait de récents efforts en ce sens. En d'autres parties de la France, ceux qui ont souci de notre histoire nationale songent à agir. Il faut que les pouvoirs publics s'associent à ce mouvement. Il y a près d'un demi-siècle, la conservation des monuments historiques, si longtemps négligée, était assurée, grâce à l'initiative d'esprits éminents, au premier rang desquels il faut citer M. Guizot et M. Vitet. La plus grande part de l'œuvre entreprise en 1832 est aujourd'hui accomplie. Le respect des monuments du passé fait partie de l'éducation générale. Il suffit assurément de signaler un si coupable oubli pour que l'opinion publique en fasse prompte justice. Ce qui a été commencé depuis un an est un gage certain qu'avant peu les archives des Parlements de Provence et de Bourgogne, ainsi que celles du Sénat de Savoie, seront préservées d'une destruction prochaine. Il serait étrange que les conseils généraux ne se missent pas à la tête d'une entreprise si féconde pour les souvenirs de leur province. La passion du progrès ne doit pas affaiblir le respect pour les institutions d'un autre âge. Il n'y a pas de convictions politiques qui justifient le mépris de toutes les traditions. Le peuple est trop souvent satisfait de lui-même et peu soucieux de ce qui a précédé le siècle où il vit. C'est aux hommes intelligents à réagir contre ces dédains vulgaires qu'explique seule l'ignorance.

Il faut susciter partout l'effort de l'esprit, l'encourager, y pousser les jeunes gens, y exciter les hommes mûrs. La démocratie dont nul ne peut arrêter la marche, et dont les conséquences sont pour tant d'esprits un objet d'effroi, n'a pas d'autre contre-poids que le travail à tous les degrés. Cette forme nouvelle des sociétés n'est, à vrai dire, qu'un vaste concours organisé suivant certaines règles, afin de porter au premier rang les plus dignes. Tout doit tendre vers le mode le plus parfait qu'il convient de donner à la sélection intellectuelle. Comparaison entre la législation des différents peuples, pour découvrir la plus juste et la plus féconde; examen imposé aux jeunes gens pour discerner le plus capable, toutes ces idées ne sont que des formes diverses de l'émulation qui est désormais l'unique condition du succès. Partout où le labeur diminue, partout où l'effort disparaît, les hommes ou les institutions sont en déclin.

VI

La chancellerie a cherché par tous les moyens à susciter le travail.

La pensée qui a présidé à la création des concours et qui a ainsi imposé une si grande somme de travail aux aspirants à la magistrature, devait en même temps exiger de celui qui a conquis un siége des efforts soutenus qui tinssent incessamment son esprit en éveil. A côté des travaux de certains tribunaux, qui ne laissent pas aux membres du parquet un in-

stant de relâche, que d'arrondissements où le service judiciaire
ne suffit pas à occuper les magistrats ! Les moindres inci-
dents, un transport urgent, un rapport demandé sur l'heure,
révèlent trop souvent à leur chef que des deux membres du
parquet, un seul réside constamment à son poste. Quant aux
juges, nul doute que la plupart n'aient des loisirs considérables. M. Dufaure, se préoccupant du séjour forcé des
jeunes magistrats dans des tribunaux trop peu chargés d'affaires, chercha le moyen de relever parmi eux le goût du
travail et d'entretenir l'esprit d'émulation. Dans une circulaire, il leur montra le moyen « d'assurer leur avenir, en leur
« conseillant de se livrer à des travaux sur la jurisprudence,
« l'histoire du droit où les législations étrangères». Afin d'exciter leur zèle, il institua au ministère un comité composé des
membres de l'Academie des sciences morales et politiques
faisant partie de la magistrature, dont la mission serait
d'examiner et de signaler au garde des sceaux les travaux éma-
nant de magistrats, fonctionnaires du ministère de la justice
ou attachés aux parquets qui lui paraîtront les plus remarquables. Ouvrages considérables, ou simples monographies,
articles de revue ou de journaux judiciaires, tout devait être
lu attentivement, et, sur le rapport du comité, des félicita-
tions ou des encouragements seraient adressés aux auteurs.
S'il s'agissait d'un manuscrit, selon la valeur de l'œuvre, des
mesures seraient prises pour faciliter la publication[1].

Aucune analyse ne peut tenir lieu des conseils, par lesquels M. Dufaure terminait sa circulaire : « Je voudrais que
« tous les jeunes gens qui forment la milice de nos par-
« quets, écrivait-il, ou qui sont l'espérance de la magistra-
« ture assise, comprissent que le travail doit être, de plus en
« plus, la règle de la vie des magistrats; que, dans une société
« qui se renouvelle comme la nôtre, la considération publi-
« que ne s'attache qu'au mérite et aux services rendus. C'est

Travaux
des
magistrats.

Création
d'un comité
de lecture.

---

[1] Le comité, composé de MM. Faustin Hélie, Renouard, Pont et Massé, ne
tarda pas à se réunir; ses membres se partagèrent l'examen de plus de cent
études de diverses natures qui feront l'objet d'un rapport général.

« en se montrant chaque jour plus sévère pour elle-même
« et en exigeant davantage de ceux qui sont admis dans son
« sein, que notre magistrature saura triompher de toutes les
« attaques, et se maintenir à la hauteur de sa vieille réputa-
« tion de travail, de science et de talent. »

VII

Projets relatifs à l'organisation judiciaire.

Un sentiment si vif de l'influence que doit exercer dans
notre société l'autorité personnelle des magistrats devait ame-
ner M. Dufaure à l'étude des réformes générales dont les juridictions pouvaient être l'objet. Depuis 1871, ce problème
n'avait pas cessé de l'occuper. A différentes reprises, en 1872 et
en 1873, des projets de loi avaient été préparés. La réduction
du personnel, la suppression des plus petits tribunaux et
des Cours les moins occupées furent étudiées dans leur principe et dans leurs moindres détails; mais c'était en vain
qu'on multipliait les précautions pour éviter les froissements
d'intérêt; la suppression d'un siége frappait à la fois les individus qu'elle atteignait et les villes auxquelles une partie
de leur importance était enlevée. Le 24 mai 1873 survint
avant qu'un plan eût été adopté. La question, mise à l'ordre
du jour par les plaintes répétées des commissaires du budget,
fut soumise à une commission extra-parlementaire qui, pré-
sidée par MM. Ernoul et Depeyre, aboutit, après de longs travaux, à proposer la suppression de cent siéges de conseillers
et de plus de deux cents magistrats des tribunaux d'arrondissement.

Lorsque M. Dufaure reprit les sceaux en février 1875, il
trouva le projet tout préparé. Fut-il arrêté comme ses prédé-
cesseurs par l'énormité des sacrifices immédiats qu'il imposait
à la magistrature? Pensa-t-il qu'en présence d'assemblées nouvelles, il était nécessaire de se livrer à une étude plus générale et moins exclusivement limitée aux calculs de la sta-
tistique? Ce qui est certain, c'est que les travaux préparatoires
furent bientôt repris et poursuivis avec persistance.

On s'accorda dès le début à reconnaître que le nombre des magistrats était trop considérable et que leur situation devait être relevée. De ces deux vérités prises pour base des recherches, découlaient diverses conséquences : il ne s'agissait pas de diminuer le budget de la justice, mais de le mieux répartir. Les réductions de personnel, largement faites, devaient profiter à l'augmentation des traitements insuffisants.

Abordé de front, et sans passion comme sans faiblesse, le remaniement de notre organisation judiciaire ne parut pas si aisé que le pensent la plupart des réformateurs. Chacun des projets proposés depuis trente ans fut successivement étudié.

Au premier rang se présente la suppression des tribunaux les moins occupés. Ce système, que semblent préférer les esprits absolus, peut-il supporter longtemps l'examen ? Sans parler de ces petites villes, qui entendent résonner les grands mots de décentralisation et auxquelles on répondrait en leur enlevant, au profit d'un centre populeux, un des derniers instruments de leur activité locale, ne prenait-on pas du même coup l'obligation de résoudre le problème ruineux du remboursement des offices ? Fallait-il entrer dans la voie d'une expropriation plus que jamais difficile ? Puis, la réforme achevée, quand la ville ainsi dépouillée de sa juridiction, atteinte dans ses intérêts, aurait montré son mécontentement, quelle justification fournirait-on aux populations rurales venant se plaindre de l'éloignement soudain de la justice ? En vain leur montrerait-on la ligne du chemin de fer les reliant au nouveau chef-lieu judiciaire. En éloignant le prétoire, les frais se seraient accrus. « Tout citoyen, en échange de l'impôt qu'il paye, a droit à la justice ; si, dans la contrée qu'il habite, il se produit moins de litiges que dans la région voisine, ce n'est pas une raison suffisante pour lui enlever les moyens de s'assurer la sauvegarde de la loi. Chaque commune doit avoir son école, si faible que puisse être le nombre des enfants qui la fréquentent. Pourquoi chaque arrondissement n'aurait-il pas de même son tribunal, quel que soit le chiffre des procès qui s'y jugent chaque année [1] ? »

Ces motifs ont paru décisifs ; mais, en même temps, ne fermaient-ils pas la porte à toute mesure efficace ? S'il fallait renoncer à supprimer les tribunaux de trois juges, fallait-il se contenter d'opérer des réductions de détail qui porteraient malheureusement sur des siéges d'avancement et laisseraient aussi nombreux ces siéges de début dans lesquels le défaut d'occupation produisait de si fâcheuses conséquences ?

Extension de la compétence des juges de paix. On songea alors à étendre la compétence des juges de paix. Souvent entrevu, ce système était un des plus séduisants. Relever la situation de ces modestes organes de la justice, les investir de pouvoirs plus considérables dans leur canton, les réunir en petite session au chef-lieu pour y juger à trois ou à cinq les affaires civiles, c'était une transformation qui semblait aussi sage que conforme au progrès des mœurs publiques. Pourtant des objections graves se dressaient contre elle. Le niveau des juges de paix ne pouvait être relevé, sans que leur traitement ne fût accru et que l'inamovibilité ne leur eût été conférée. Voulait-on étendre ces mesures à la France entière ? C'était une refonte générale de l'institution. Où l'État aurait-il trouvé le personnel nouveau ? et était-ce bien le moment de demander pour la justice des sacrifices budgétaires alors que des économies étaient si avidement recherchées ? Pensait-on borner la réforme aux arrondissements les moins importants ? C'était alors la création de deux catégories de juges de paix dont les pouvoirs inégaux auraient troublé l'harmonie de nos lois et l'uniformité de l'institution. Enfin, dans l'une et l'autre hypothèse, l'extension de leur compétence civile, en supprimant dans un grand nombre de cas le ministère d'avoué, aurait modifié gravement la situation des officiers ministériels. On ne pouvait sans injustice refuser une indemnité à ceux que la loi dépossédait en partie du fruit de leurs charges. L'extension

---

[1] Exposé des motifs du projet de loi sur l'organisation des tribunaux de première instance, présenté le 15 novembre 1876 au Sénat, p. 11.

de la compétence entraînait donc des mesures fort oné-
reuses pour le trésor et d'une application très-délicate.

Après avoir examiné toutes les hypothèses, après avoir
repris le projet préparé en 1874 par la commission extra-parlementaire et déposé par M. Vente[1], dont le vice était de maintenir intact le personnel des petits tribunaux, tandis qu'il dimi-
nuait celui des tribunaux de chef-lieu, on arriva à un système
nouveau qui avait le rare mérite de ne point bouleverser la hiérarchie actuelle, de ne pas jeter le trouble dans
nos lois et de réaliser cette diminution tant cherchée du
nombre des juges, sans altérer aucune des garanties dues aux
justiciables.

Économie du système proposé.

Recherchant quels étaient dans la constitution d'un
tribunal les éléments fixes et en quelque sorte irréductibles,
on est arrivé à croire que le représentant du ministère public
et le juge d'instruction avaient seuls ce caractère. C'est à eux
qu'aboutissent les plaintes urgentes, c'est leur action immé-
diate que provoque la rumeur publique; les éloigner du
centre de l'arrondissement serait en réalité ralentir ou sus-
pendre l'action même de la justice criminelle. En les laissant
au chef-lieu judiciaire, rien ne serait changé au mode de
poursuites qui s'exerceraient dans les conditions et avec les
garanties actuelles. Quels seraient les services qui souffri-
raient? En matière civile, se demande-t-on qui pourrait
rendre les ordonnances sur requêtes et sur référé, si rares
dans les tribunaux peu occupés? Pourquoi ne pas donner
ce droit au juge d'instruction? pourquoi ne pas l'investir par
délégation de toutes les attributions que le président du tribunal possède et qu'en cas d'empêchement du président un
juge exerce?

Un substitut et un juge indispensables pour l'instruction criminelle et la justice civile.

Ainsi, le chef-lieu de l'arrondissement conserverait, avec
deux magistrats résidants, toutes les fonctions judiciaires
indispensables aux parties en cas d'urgence, tout ce qui ne

---

[1] **M. Vente**, qui avait pris part à l'élaboration du projet comme sous-
secrétaire d'État, le déposa en son nom personnel dans le courant de
l'année 1875.

peut sans dommage être différé. A quel prix ce résultat serait-il obtenu? Il n'est pas possible de citer un seul intérêt compromis : ni magistrats, ni justiciables ne pourraient élever une plainte.

Comment le tribunal ainsi mutilé pourra-t-il tenir ses audiences? On sait que les audiences des petits tribunaux sont aussi courtes que rares. Deux par semaine figurent sur le registre des pointes. Une audience bien remplie suffirait amplement à l'expédition des affaires. Pourquoi ne pas fixer des dates de sessions périodiques plus ou moins rapprochées suivant les besoins? Au jour indiqué, les deux juges nécessaires au complément du tribunal viendraient d'un des tribunaux voisins du même département; ils séjourneraient le temps indispensable pour épuiser le rôle, et ainsi, dans ces assises civiles ou correctionnelles, les affaires s'expédieraient, sans retard comme sans dérogation aux usages consacrés [1].

A ce système qui fait la base du projet présenté au Sénat, quelles objections oppose-t-on? Ses adversaires se plaisent à le traiter d'ingénieux et l'accablent en répétant à tout propos cette épithète. Mieux vaudrait une franche attaque; mais un sourire de dédain ne dispense-t-il pas de bonnes raisons?

Nous ne voyons, pour notre part, que trois critiques possibles : 1° Si l'un des deux magistrats délégués est empêché, le cours de la justice sera suspendu. — 2° La rareté des audiences prolongera la détention préventive. — 3° Un déplacement si fréquent ne peut être imposé aux magistrats. — Examinons brièvement ces trois objections.

Que deviendrait le tribunal si le substitut ou le juge délégué tombaient malades? La marche des affaires serait-elle entravée? Nullement. Le substitut est attaché pour la hiérarchie et pour l'ancienneté au parquet du procureur de la République près le tribunal voisin. S'il est empêché, un substitut peut le remplacer par délégation du chef du par-

---

[1] Exposé des motifs, p. 18.

quet et en vertu du principe admis de l'indivisibilité des
fonctions du ministère public. — Est-ce le juge délégué qui
se trouve absent ou malade? Il se passera ce qui a lieu lorsque,
dans l'organisation actuelle, le juge d'instruction est empêché. Un juge suppléant prendra provisoirement le service
et, si l'absence se prolonge, un juge titulaire sera délégué.

Actuellement une audience correctionnelle a lieu chaque
semaine. Si l'on s'en tenait aux sessions de quinzaine, la
détention du prévenu pourrait en certain cas être accrue de
huit jours; tel est, en des circonstances rares, le maximum
de la prolongation. Qui empêcherait le juge délégué de con-
voquer alors les deux suppléants, dont seraient uniformé-
ment pourvus ces tribunaux, afin de statuer sur une procédure en état? Ce serait là une ressource exceptionnelle,
mais dont nul ne contestera la parfaite légalité.

La détention préventive sera prolongée.

Enfin, dit-on, le déplacement n'est pas seulement une cause
de fatigue, mais encore une atteinte à la dignité même du
juge. — Eh quoi! il s'agit d'une heure de chemin de fer,
d'un de ces déplacements si *fréquents* dans nos habitudes
modernes qu'il n'y a pas de tribunaux où, pendant une
partie de l'année, plusieurs des membres du siége n'en
accomplissent chaque jour d'audience de plus longs pour
venir de leur maison des champs ou y retourner.

Le déplacement des magistrats porte atteinte à leur considération.

Nous sommes prêts à l'admettre : dans les arrondissements où une ligne ferrée ne relierait pas le chef-lieu au
tribunal voisin, il n'y aurait pas à songer à appliquer la loi;
mais le nombre des tribunaux séparés par de petites distances
est considérable. Quel est le magistrat qui reculerait en son-
geant à la fatigue imposée par un voyage d'une heure?

Doit-on s'alarmer davantage de l'atteinte à la dignité du
magistrat? Sans aller chercher l'exemple des juges anglais,
dont personne n'ose dire que les tournées de circuit aient
jamais diminué l'autorité, quel démenti ne donne pas à ces
craintes la vue de nos présidents d'assises criminelles, arri-
vant du chef-lieu de la Cour entourés d'un prestige qu'ils
doivent à la distance aussi bien qu'à leur rang!

Il faut reconnaître qu'en dehors des grands remaniements

de notre organisation judiciaire qu'il nous paraîtrait d'une souveraine imprudence de tenter en ce moment, le projet relatif aux tribunaux réalise à la fois les deux termes de ce problème en apparence insoluble : diminuer les magistrats dans les tribunaux de trois juges, sans altérer aucune des garanties actuelles et sans modifier une seule de nos lois de compétence.

VIII

Extradition. Transformer sans bouleverser, améliorer sans détruire, tel est le signe commun des réformes ou des tentatives que nous signalons ici. Une des plus fécondes et des moins connues est, à coup sûr, celle dont l'extradition a été l'objet.

L'usage de livrer les fugitifs accusés de crimes à la nation qui les réclame pour les faire juger, remonte très-haut dans l'histoire ; mais c'est surtout après la confection de nos Codes qu'il a pris en Europe une extension rendue plus rapide, depuis trente ans, par l'accélération des transports. **En France, elle n'a été soumise à aucune garantie judiciaire.** Jusqu'ici aucune loi n'a été faite en France pour en régler les conditions et les formes. Réservée aux traités internationaux qui la régissent, cette matière a échappé à l'action législative. De là est né un résultat singulier. L'extradition, qui est un acte de justice, n'a été entourée d'aucune des garanties judiciaires ; elle est demeurée parmi nous un acte purement administratif, dépendant entièrement d'une décision ministérielle. Et cependant que de faits graves dérivent de cet acte ! une arrestation, une détention, le transfèrement d'un détenu et enfin la remise à une puissance étrangère de l'accusé qu'elle réclame. « Il s'agit d'un étranger », dira-t-on. Cette raison ne nous suffit pas, s'il est question de la liberté individuelle d'un individu foulant le territoire français, et d'ailleurs pense-t-on qu'une arrestation, quelle qu'elle soit, puisse être privée de garanties, sans qu'autour d'elle et par une conséquence forcée la sûreté des citoyens français ne soit compromise ? Les arrestations de réfugiés étrangers n'ont-elles pas donné lieu à des erreurs sur l'identité ? Des nationaux n'ont-ils pas été détenus, transférés, puis reconnus avant ou après leur extradition ? Ces erreurs sont inévitables et elles rendent nécessaire l'établissement de garanties efficaces.

La loi doit les créer, mais il a semblé que l'usage pouvait préparer la loi. Dans une circulaire émanée de la direction criminelle, le garde des sceaux décida qu'aucun décret autorisant l'extradition ne serait proposé à la signature du Président de la République avant l'arrestation de l'étranger. L'étranger arrêté devait être aussitôt conduit devant le procureur de la République qui lui faisait subir un premier interrogatoire portant sur son identité et sur la légalité de la demande d'extradition. Par une heureuse innovation, le droit d'être assisté par un conseil était reconnu à l'étranger arrêté qui pouvait réclamer et obtenir la désignation d'un défenseur aussi bien que le secours d'un interprète. Le procès-verbal, dressé par les soins du parquet, était aussitôt transmis au procureur général par le procureur de la République qui, après avoir vérifié d'urgence les allégations de l'étranger à l'aide de tous les moyens dont il pouvait disposer, devait y joindre son avis motivé. Ces formalités protectrices, destinées à éclairer le garde des sceaux sur le mérite de la mesure sollicitée, étaient réduites à des termes plus simples, si l'individu arrêté demandait à être livré à son gouvernement. Dans tous les cas, le chef de l'État n'était appelé à statuer qu'après une vérification comportant de sérieuses garanties[1].

En marquant le premier pas accompli en France pour associer le pouvoir judiciaire à un acte, qui, par sa nature, se rattache à la fois à l'administration de la justice et aux rapports de l'État avec les pouvoirs étrangers, la circulaire que

L'étranger sera interrogé après son arrestation.

Le décret d'extradition n'est désormais rendu qu'après information sommaire.

---

[1] Des mesures analogues étaient prescrites par la même circulaire dans le cas d'arrestation de contumaces. Très-souvent il arrivait que de longs transfèrements étaient imposés à des individus que la ressemblance du nom ou du signalement faisait confondre avec un condamné. Ainsi la circulaire établissait des précautions propres à protéger efficacement la liberté individuelle.

nous venons d'analyser n'est que le prélude de mesures législatives qui devront tôt ou tard embrasser toute la matière de l'extradition. La France est l'une des premières nations qui ait prévu les conséquences de ces rapports mutuels. Le progrès s'est fait peu à peu. Les pays les moins disposés à livrer les fugitifs ont subi l'influence d'une opinion générale qui les a contraints de négocier et d'entrer dans le concert des nations civilisées. L'Angleterre elle-même, que retint longtemps la fidélité aux vieux principes du droit d'asile, a senti qu'elle ne pouvait demeurer dans un plus long isolement. En 1870, elle a pris le parti de faire voter par le Parlement une loi générale fixant les principes de l'extradition, la procédure qui serait suivie, les cas dans lesquels un individu serait livré ; puis, cela fait, elle n'a pas craint d'autoriser le pouvoir exécutif à négocier et à ratifier définitivement les traités dont les clauses seraient contenues dans les limites de l'acte. Le gouvernement anglais a pu, à dater de ce jour, présenter aux nations amies un texte précis sur lequel elles étaient appelées à négocier et dans lequel elles pouvaient puiser suivant leurs besoins. Il a été facile de voir les avantages que présentait un tel procédé. En peu d'années, l'Angleterre est arrivée à conclure des traités avec toutes les puissances. Toutes savaient ce qu'elle pouvait accorder et nulle ne s'avisait de lui demander ce qui était en dehors du cadre tracé par le Parlement.

La France, soit par une longue insouciance, soit par un souvenir persistant des malentendus qui avaient accompagné l'exécution du traité d'extradition de 1843 [1], avait laissé passer plusieurs années sans profiter de l'acte voté en 1870 [2] et complété en 1873 [3]. Il était urgent de conclure un traité. Les négociations, rapidement conduites par le ministère des affaires étrangères, furent éclairées par la compétence du premier magistrat de police de Londres, sir Thomas

---

[1] Voir dans la *Revue critique* les articles sur l'extradition publiés en 1866.

[2] Acte du 9 août 1870. — *Annuaire de législation comparée*, 1872, p. 11.

[3] Acte du 5 août 1873. — *Annuaire*, 1874, p. 75.

Henry, qui vint à Paris et hâta ainsi, peu de temps avant sa mort, la signature d'un traité dont il poursuivait depuis douze années la conclusion avec la persistance des plus remarquables efforts. La principale difficulté, comme il arrive souvent dans les affaires humaines, était une pure querelle de mots. La France était disposée à étendre fort loin les catégories de coupables à livrer. L'Angleterre offrait sa liste. Il semblait que l'accord dût être facile. On comptait sans les embarras de la traduction. Tel mot qui avait dans les deux langues une signification semblable et qui pouvait être tenu pour équivalent, changeait de sens en passant dans la loi voisine et avait une portée juridique qui provoquait de graves confusions. On comprit bientôt que la traduction littérale serait le plus sûr moyen de préparer des embarras inextricables. Les obstacles dont on gardait le souvenir étaient dus au formalisme des juges anglais. Le meilleur procédé pour les lever n'était-il pas de prendre le sens même des définitions criminelles anglaises et de les traduire en un texte qui en serait le commentaire exact et fidèle? En s'appropriant ainsi les qualifications usitées en Angleterre [1], la France s'assurait l'usage le plus large de la faculté d'extradition qu'eût encore concédé le gouvernement britannique. Suggéré par l'expérience de nos relations judiciaires avec l'Angleterre et la parfaite connaissance de sa législation pénale, ce procédé était appliqué pour la première fois aux traités d'extradition; il mérite d'être dorénavant mis en usage dans les actes synallagmatiques passés avec les puissances étrangères, actes que les écarts des traductions viennent si souvent compliquer et paralyser.

Le traité, voté par le Sénat et actuellement soumis à la Chambre des députés, marquera un progrès dans nos relations internationales. Il doit appeler l'attention sur l'extradition

---

[1] On s'est étonné, nous le savons, de certaines définitions contenues dans l'article 3 du traité signé le 14 août 1876 et actuellement soumis aux Chambres. Toutes se retrouvent dans la loi criminelle anglaise qui a servi de limites aux demandes de la France et de modèle pour la série des cas où l'extradition est autorisée.

et nous faisons des vœux pour qu'une loi générale soit prochainement présentée aux Chambres par les ministres de la justice et des affaires étrangères. Sans bouleverser les principes en vigueur en France, sans nous obliger, par un abus de la logique qui est la pente et le défaut de notre esprit, à refaire les traités en vigueur, il faut que la loi établisse la procédure française et énumère les cas où il y aura lieu à extradition. Poser un petit nombre de règles fixes, éviter la multiplicité des détails, montrer aux étrangers les garanties que nous leur offrons, imprimer au fait de la tradition du réfugié son véritable caractère, en prescrivant au magistrat d'examiner l'identité et en exigeant l'avis du pouvoir judiciaire, sans l'autoriser à apprécier au fond la culpabilité : telles seraient les réformes qui feraient entrer dans nos lois des principes dont les relations internationales multiplient de jour en jour les applications.

IX

Qui de nous n'a entendu parler, dès son entrée à l'Ecole de droit, et répéter dans les cours de justice que, les rédacteurs du Code civil n'ayant pas prévu l'importance croissante des valeurs mobilières, plusieurs dispositions de nos lois n'étaient plus en harmonie avec l'état actuel de la fortune privée ? Le mot *meubles* s'appliquait aux objets mobiliers de minime importance comme aux titres industriels représentant une hérédité opulente. De là sont nées les plus fâcheuses conséquences : l'aliénation des immeubles appartenant aux incapables est entourée de formes protectrices, telles que l'autorisation du conseil de famille, l'homologation du tribunal (art. 457); tandis que la vente des biens meubles n'est soumise qu'à d'insuffisantes garanties (art. 452)[1]. Malgré les efforts de quelques auteurs, la jurisprudence,

---

[1] La vente des inscriptions de rente et des actions de la Banque appartenant à des mineurs avait été soumise par la loi du 24 mars 1806 et par le décret du 25 septembre 1813 à l'autorisation préalable du conseil de famille.

appliquant le texte précis, s'est refusée à une interprétation qui lui semblait un empiétement sur le pouvoir législatif[1].

M. Dufaure présenta le 9 novembre 1876 un projet de loi dont l'article premier exige l'autorisation préalable du conseil de famille pour toute aliénation de valeurs mobilières.

Cette mesure eût été dépouillée de toute sanction, si le tuteur n'avait été obligé de convertir en titres nominatifs les titres au porteur appartenant aux mineurs et interdits. L'article 3 a pour but de prescrire cette conversion ou, si elle n'est pas possible, d'ordonner soit l'aliénation des valeurs avec remploi, soit le dépôt des titres entre les mains d'une personne ou d'une société spécialement désignée par le conseil de famille.

L'immatricule du nom du mineur sur le titre était encore une précaution insuffisante, si le tuteur pouvait le lendemain changer en valeur au porteur le titre nominatif. Malheureusement les tribunaux se refusaient à voir dans cet acte si grave de la conversion un commencement d'aliénation et le tenaient pour un simple acte d'administration. Depuis quelques années, la jurisprudence se prononçait de plus en plus dans ce dernier sens[2]. L'arrêt rendu en 1873 par la Cour de cassation, « à raison du principe général qu'il énonçait, a « ému la Chambre des notaires de Paris et plusieurs grandes « compagnies; elles ont fait parvenir au ministre de la jus- « tice l'expression de leurs préoccupations[3]. » En dénaturant le titre, le mandataire pouvait s'affranchir de toutes formalités : « pour aliéner définitivement et sans contrôle, il suffi- « sait en effet de recourir à une conversion préalable, » qui changeait un droit incorporel reposant sur la tête d'une personne en un titre transmissible comme de la monnaie ou des billets de banque.

La conversion assimilée à l'aliénation.

---

[1] Cour de Douai, 28 juin 1843 ; Cour de Paris, 11 décembre 1871, Dalloz, 1872, 2, 75.

[2] Cass. req., 4 août 1873, Dalloz, 1875, 5, 468. Voir Dalloz, 1872, 2, 75 ; 1870, 2, 29 et la note.

[3] Exposé des motifs (*Journal officiel*, 18 novembre 1876, p. 8366).

Il fallait établir une garantie. C'est ce que proposa le projet en déclarant, dans l'article 4, que la conversion en titres au porteur de tout titre nominatif de rentes sur l'État, actions, « parts d'intérêts et obligations de toute nature, est assimilée « à l'aliénation et soumise aux mêmes conditions et formali- « tés. » La règle étant posée, il appartiendra à la jurisprudence de la développer en l'appliquant à tous les mandataires légaux et à l'infinie variété des espèces soulevées devant les tribunaux par la transformation économique [1].

X

Nous aurons terminé la revue des travaux d'intérêt général accompli depuis deux ans quand nous aurons signalé un projet qui fait le plus grand honneur au gouvernement et qui était réclamé depuis de longues années. Les ventes judiciaires d'immeubles donnent lieu à des formalités ruineuses pour les petites propriétés. Les statistiques publiées par le ministère de la justice, loin de cacher le mal, en découvraient depuis plusieurs années toute l'étendue. S'il était fâcheux de penser que, pour un immeuble vendu de 1,000 à 2,000 francs, les frais représentaient 25 p. 100, que dire lorsque, l'adjudication étant inférieure à 1,000 francs, la proportion des frais relativement au prix atteignait 50 p. 100 ? Si enfin les enchères n'étaient pas portées à 500 francs, non-seulement la valeur totale de l'immeuble était dépassée par les frais, mais les rapports officiels avouaient qu'ils s'élevaient jusqu'à 125 p. 100 relativement au prix d'adjudication. N'y avait-il pas là une véritable confiscation ? et ne fallait-il pas porter un remède immédiat à un abus qui constituait pour certains patrimoines une ruine inévitable, et qui provoquait dans les campagnes une irritation d'autant plus vive qu'il dépouillait les plus pauvres en respectant les plus riches ?

Projet de loi sur les ventes judiciaires d'immeubles.

Énormité des frais.

---

[1] Les trois premiers articles de cette loi se rapportent avec une précision telle à l'administration du tuteur que nous regrettons qu'ils ne forment pas des paragraphes additionnels à l'article 452 du Code civil. Seul, l'article 4 du projet, n'ayant pas sa place marquée dans le Code civil, formerait l'objet d'une loi spéciale.

Depuis .longtemps, on répétait trop aisément que ce mal était sans remède et l'on ne songeait pas que le législateur ne peut avouer son impuissance, lorsque, par un fait que le propriétaire n'a pas prévu et sans qu'il y ait une faute à lui reprocher, la propriété privée, sous prétexte de formalités protectrices, est enlevée à celui qui s'en croit le maître.

Le problème fut mis à l'étude avec la ferme volonté de le résoudre. Les éléments divers des frais de vente furent soigneusement analysés. Enregistrement, timbre, droits de greffe, coût d'inscription hypothécaire, frais d'avoués, de notaires et d'huissiers, tous les articles furent décomposés et classés suivant leur nature. La commission qui se livra à cet examen, reconnut bien vite que le temps manquait pour aborder une modification du Code de procédure civile et qu'il fallait apporter un remède partiel à un mal qui ne s'étendait pas aux ventes d'immeubles supérieurs à 2,000 francs.

Une réforme générale étant écartée, il ne s'agissait plus que d'un dégrèvement à opérer, suivant une forme réglée d'avance. La difficulté était de connaître le cas où le dégrèvement devait avoir lieu. Lorsqu'au début de la poursuite, la saisie immobilière est pratiquée, qui peut prévoir que l'immeuble de peu de valeur qui en est l'objet sera vendu plus ou moins de 500 francs ? Cependant tout est là ; la mise à prix ne signifie rien ; selon que les enchères s'arrêteront à 400 francs ou qu'elles porteront le prix à plus de 2,000 francs, la situation des parties méritera ou ne méritera pas l'intérêt du législateur. En présence d'une telle incertitude, on a proposé de recourir au procédé en usage pour l'assistance judiciaire ; les actes auraient été enregistrés gratuitement, visés gratuitement pour timbre, et les droits n'auraient été perçus par le fisc que dans le cas où l'immeuble aurait atteint une certaine valeur. Les complications d'écritures et de comptabilité que cette procédure eût soulevées la firent aussitôt écarter.

Avec une libéralité qui ne s'est pas démentie un instant, le ministre des finances fit proposer une mesure qui allait du coup apporter la solution. Il offrait de restituer en totalité après l'adjudication les droits payés au Trésor, si le prix de vente n'excède pas 500 francs; jusqu'à concurrence des trois quarts, si le prix n'atteint pas 1,000 francs; de moitié, si le prix est inférieur à 1,500 francs; et enfin du quart, si le prix est demeuré au-dessous de 2,000 francs. On calculait que la totalité des droits perçus par le Trésor variait, suivant la nature des ventes, de 120 à 130 francs. La perte annuelle résultant des restitutions totales ou partielles n'était pas évaluée à moins de 475,000 francs.

Une concession aussi considérable appelait de la part des auxiliaires de la justice un sacrifice analogue. Ils s'y prêtèrent sans hésiter. On convint que le montant total des émoluments alloués aux officiers publics et ministériels pour une vente judiciaire ne pourrait dépasser 15 p. 100 du prix d'adjudication, sans toutefois être inférieur à 40 francs. Aucune objection sérieuse ne pouvait s'élever contre le principe de cette proportion qui réduisait à une rémunération très-faible le service rendu par chacun d'entre eux.

Le projet de loi qui contient cette réforme renferme deux modifications au Code de procédure qui ont paru ne présenter que des avantages. Le commandement qui précède la saisie immobilière doit renfermer la copie du titre en vertu duquel on procède (art. 671 C. proc. civ.). Or, le plus souvent, ce titre a été signifié depuis moins d'un an. Pourquoi en ce cas renouveler cette formalité? et les frais qu'elle entraîne ne sont-ils pas frustratoires? Le projet de loi propose d'y substituer une simple mention indiquant la date de la signification.

Enfin, le président du tribunal peut ordonner, sur la requête d'une des parties, que les placards et insertions ne contiendront qu'une indication sommaire et non une désignation détaillée des immeubles, que les affiches seront manuscrites et que le nombre en sera réduit.

Tel est le projet que le garde des sceaux et le ministre des finances déposèrent le 17 mai 1876. La commission nommée par la Chambre des députés se montra entièrement disposée à l'accepter, et il est permis de s'étonner qu'une mesure si juste en elle-même, si favorable aux familles peu aisées et si conforme aux tendances d'une saine démocratie, ait subi des retards tellement longs qu'il est permis de la croire oubliée.

Assurément la surprise serait grande si le public apprenait qu'une commission tarde à voter la mise à l'ordre du jour d'un projet qui, non-seulement fait cesser un abus, mais qui a la bonne fortune, rare en tous les temps, d'opérer un dégrèvement considérable d'impôt, sur l'initiative du ministre des finances. S'il y a des lois qui méritent l'urgence, ne sont-ce point celles que le gouvernement présente afin d'alléger les charges des contribuables? Et est-il permis de prolonger, fût-ce d'un jour, la perception de droits que condamne l'équité et qu'abandonne le fisc?

En résumé, quelques améliorations ont été introduites dans les services judiciaires; plusieurs autres ont été tentées, partout un effort a été accompli. Quoique le ministère de la justice n'ait vu depuis deux ans ni grandes commissions, ni projets préparés avec bruit, néanmoins il s'y est produit un certain nombre de réformes qui sont de nature à exercer sur l'organisation des tribunaux et sur l'administration des parquets la plus heureuse influence. D'autres devaient sans doute les suivre; ce n'était probablement qu'un premier pas dans une voie de progrès au terme de laquelle les corps judiciaires se fussent trouvés à la fois honorés et relevés.

Il y a bien des manières d'entendre la réforme de la magistrature. En face d'un parti qui attaque l'inamovibilité, en se préparant à réclamer l'élection des juges, et qui tient pour nulles les améliorations, si elles ne portent pas l'empreinte d'un changement subit et radical, il y a un grand nombre d'esprits timorés qui se croient sages, redoutant les modifications et les projets, convaincus qu'ils sont autant d'ébranlements avant-coureurs de la ruine et qu'il faut avant tout fermer la porte aux innovations. Héritiers à leur insu de la routine des anciens Parlements, ils ont tous les défauts

de l'esprit de corps, mais ils s'en consolent aisément en
sentant avec raison qu'ils en possèdent quelques-unes des
qualités. Attachés à leur devoir, magistrats fermes, menant
une vie modeste et pure, aimant la justice pour elle-même
et la cherchant avec autant de sincérité qu'ils sont disposés
à l'appliquer avec conscience, ils ne poursuivent ni le bruit,
ni la renommée. Plus dévoués à l'État que partisans exclusifs
d'une forme politique, ils n'aiment pas la lutte des partis;
c'est à tort qu'on les croit rangés sous un drapeau. Il en
est peu d'entre eux qui appartiennent à une faction; tout
régime assurant l'ordre dans les rues et l'ordre dans l'État
rencontrera l'adhésion de la grande majorité des magistrats.
— Cela ne suffit pas, dira-t-on, il faut changer l'esprit des
corps judiciaires et ceux qui étant à leur tête ne prennent pas
tous les moyens d'y parvenir manquent à leur mission. Nous
répondrons qu'il n'existe qu'un moyen de changer l'esprit
de la magistrature, c'est de veiller au recrutement, d'élever
partout le niveau intellectuel et de ne récompenser dans le
choix des magistrats que les qualités laborieuses qui révèlent une capacité supérieure à la moyenne. Les concours
périodiquement renouvelés, l'avancement rendu plus rare
par une suite de mesures bien étudiées, la suppression des
siéges qui ne donnent pas assez d'occupation aux magistrats,
les sollicitations personnelles interdites ou rendues vaines,
des encouragements accordés aux travaux des jurisconsultes,
une administration centrale organisée pour donner une impulsion de plus en plus ferme aux diverses juridictions et par-
dessus tout, la diminution progressive du nombre des magistrats au profit de leur situation individuelle peu à peu
relevée: voilà la direction au terme de laquelle on est certain
de trouver une magistrature puissante et universellement
respectée. Elle n'échappera pas davantage à la discussion,
ce qui n'est le sort d'aucune institution humaine, mais les
critiques viendront se briser contre elle, car nul ne pourra
mettre en doute la valeur de ceux qui la composent. Sans
doute, une réforme de cette nature n'aura ni éclat, ni re-
tentissement. Pendant fort longtemps, elle échappera à la

foule, ses progrès ne seront perceptibles qu'après une certaine durée; elle ne procédera ni par coup de théâtre, ni
par coup d'autorité, il n'y aura pas de changements à vue,
mais une transformation d'autant plus assurée que toutes les
mesures prises auront pour effet de la hâter et pour objet
l'intérêt général sans acception de personnes. Les réformes
bruyamment annoncées ne sont ni les plus fécondes, ni les
plus durables. C'est à un effort lent et continu que la chancellerie doit demander le secret de faire taire les attaques
et de réformer l'esprit de la magistrature, en mettant en
honneur le labeur incessant qui seul, dans une société telle
que la nôtre, peut assurer aux personnes le respect, aux arrêts l'autorité.

4112. Paris. — Imprimerie Arnous de Rivière, rue Racine, 26.